JN410253

만인시인선 · 61

아무도 오지 않았다

정유정 시집

아무도 오지 않았다

만인사

자서

너는 내게 화살을 쏘았다.
그러나 나는 네가 쏜 화살 구멍을
아무렇지 않게 통과할 것이다.

수많은 시간들이 적이 되어
내 삶을 공격했으나
나는 상처 없이 투명한 하늘 같은
깨끗한 심상으로 글을 쓰고 있다.

첫 시집 이후 너무 오랜 시간이 지났다.
정체되어 있었던 시간의 사슬을 풀고
자유롭게 더 좋은 글을 쓰고 싶다.

차 례

2 산중일기

차 례

4 내 기억의 배경

차 례

1

요가하는 발가락

수족관

좁다란 수족관에 커다란 물고기 한 마리 산다
싱싱하게 요동치는 생명과
그걸 잡으려는 하느님이 산다
깊은 바다에서 방금 잡혀 온, 온몸 다 드러낸
아름다운 영혼이 꼬리치며 산다
닫힌 문 틈에서 새 공기 받아들이며
한없이 기뻐하는 생물이 산다

퍼덕거리며, 무한궤도 순리 뿌리치고
하느님 꿈결에서 분탕질하는
사람 옷 입은 내가
사람을 사랑하며 물고기처럼 산다

상자

세상에 태어날 때 하느님이 내게
상자 하나주셨네
상자 위에 달린 끈 풀지 말고 뚜껑 열라하셨네
끈을 풀지 않고 뚜껑을 열 수 없어
나는 상자를 잊은 채 오랜 시간 지나 왔네
그러나 나 모르게 상자는
하루에도 수십 번씩 열렸다 닫히고
일상 모든 것들이 그 상자 안에 들어왔다
나갔다는 걸 이제야 알겠네
죽을 만큼 힘들던 시간이나
가끔씩 스쳐간 행복했던 시간을
하느님은 내 운명상자에
담아두었을 것이네

하고 많은 세월 동안 상자는 낡아
이제 버려야 할 것 같은 데
뚜껑은 열리지 않고
여전히 상자 안 궁금하나 열 수가 없네

아프지 않은 살

잘라내도 아프지 않는 살이 있다
어깨짐 내려놓고 맑은 물 흐르는 냇가
찰랑이는 물 속에 발을 담그면
겹겹 쌓인 하루가 물 속으로 가라앉는다
그냥 오늘도 무사히 지나갔다
사는 일 곳곳에 구겨넣어진 아픈 시간
아무렇지 않게 서쪽 하늘 붉어 예쁘다
사랑하는 사람들을 불러도
어느 쪽으로도 불어와 줄 바람 없어
사방 고요하고, 물 속에서 꺼낸 발
하루치만큼 퉁퉁 불어있다
불은 살은 잘라내도 아프지 않다
내가 지나가는 세상, 잘라내야 할 것들이
불은 살보다 더 많아 자주 아프다

마음의 무게

마음 무게를 알 수 없다
새털처럼 가벼웠다가
어느 날은 천길 나락으로 떨어진다
짧은 시간 파장이 사는 것의 긴 끈 물고 와
낯선 세상 위로 나를 끌어올리지만
가닥가닥 끊어지는 건 또 무슨 길일까
저울 한 쪽이 아래로 기운다

방금 뒤의 일도 알 수 없는 일상에 눌려
몸 동그랗게 만들고 어렵게 잠든다
짧은 꿈꾸고 나면 또 가야하는 세상길 멀다
천사와 악마가 다녀가는 사는 일 속
분별없는 무게는 이쪽 저쪽 기울어진다
내 마음저울은 평평한 눈금이 없다

달개비꽃

달 아래 보랏빛 환한 달개비꽃
싱싱한 혈관 터뜨리는 촉촉한 그 자리에 앉아
조그만 나무들이 달과 함께 걸어가는 것을 보았다
엷은 달빛이 속옷 사이로 스며들자
푸른 아기가 내 몸 속에서 걸어나가는 걸 보았다

달과 나무와 달개비꽃은
아무런 관계가 없다
나는 그냥 물끄러미
달개비꽃을 보고 있었을 뿐이다

블랙시그널

내 컴퓨터 바탕 화면을 열면 나타나는 검푸른 바다, 그 안엔 날개 달린 수많은 물고기들이 헤엄치고 다닌다 그들의 꼬리 끝에는 내가 알지 못하는 방향이 있다 서로 한 번도 부딪지 않는다 빛은 물 위 저 높은 곳에 있다 빛을 건드리면 물고기들은 산호가 가득한 물 밑으로 숨는다 지상의 섬과 파도에 휩쓸리며 떠다니던 사람의 흔적을, 거기 보태어 내 발길 알 수 없는 시간을 컴퓨터 화면 안 고요한 물 속에 담아본다 나와는 서로 다른 몸짓이다 북해도의 겨울 바다 게들을 생각한다 그물에서 갓 건져올린 게들은 싱싱하게 서로의 방향을 찾지만 시간은 그들의 생명을 아주 짧게만 허락했다 북해도의 게들처럼 온 세상 다 헤집듯 발걸음 멈추지 않았는데 컴퓨터 안 물고기들만큼도 자유롭지 않은 사람 흔적 알 수 없다 태어나고 자라고 숨 쉬는 모든 시간 안에 블랙시그널이 숨어있음을 알지 못했다 오늘 밤 내가 지나 온 푸른 시그널, 점멸을 조짐하다 아무렇지 않게 잠든다

북해도·3

짙은 보랏빛 새벽, 붉게 떠오르는 태양을 품은 적 있다 북해도의 어느 겨울 아침 유리벽 안 따뜻한 식사시간에 나는 하품을 하고 기지개 켜며 여왕처럼 앉아 있었다 금방 떠오른 태양은 눈을 녹이지 않았다 날아갈 듯한 기쁨이 있었다 눈이 절벽으로 쌓인 풍경 안에서 나는 아주 오랫동안 식사를 했다 북해도의 태양은 따뜻하게 제자리에 있었다 내 집의 겨울아침을 생각했다 어떤 빛으로 태양이 떠오르는지 생각할 수 없었다 아름다웠을까 산다는 것으로 평범했던 시간을 내가 여기에 묻을 수 있을까 무엇을 위해 무엇으로 살고 있었을까 나는 태양을 안을 수 있었을까 북해도는 내 소리를 잠재웠다 아무것도 묻지 않은 채 태양은 같은 곳에서 빛나고 있었다

출구를 찾다

나는 뛰고 있다
아침바다를 향해 뛰고 있다
바람이 몹시 분다 두 절벽이 만들어낸
협곡을 지나 넘어지지 않고 뛰어 간다
온몸이 휘청일 때마다 뼈와 살 아픈 시간 통과한다
흥건히 묽은 핏물이 다리 사이로 흘러내린다
길에 뿌려질 사람의 흔적이다

나는 혹 알 수 없는 미래 속으로 가고 있는 건 아닐까
소원했던 것 하나도 이루지 못한 채
그냥 밤새도록 달리고 있다면
오래도록 뜨지 않은 해를 향해 달리고 있다면
아침에, 해가 떠오르는 바다의 아침에
버커리*의 생선 바구니를 뒤엎고
숨이 차 쓰러진다면 그리하고 내가 당도한 곳
그곳의 출구가, 출구가 닫혀 있다면!

---

*고생살이로 늙고 병들어 쭈그러진 여자.

세월

옷장에, 조용히 쉬고 있는 젊은 옷들
이제 작아지고 허물어진 내 어깨에
걸쳐질 수 없는 옷들
싱싱하게 빛나던 시간에도
슬픈 밤 무릎 꿇고 울고 있을 때도
나는 당신을 덮어주었습니다 말하고 있다
내 몸에 걸쳐진 채 비 오고 바람 부는 시간
아무렇지 않게 지나가게 해야 했는데…….
나는 당신의 젊은 시간들 중
가장 소중한 곳에서
당신을 감싸고 있었다 말하고 있다
몸에 맞는 새 옷을 입고
또 새로운 시간 안으로 가면 될 텐데
누구나 알 수 있는 세월 그냥 지나가도 될 텐데
나는 내 싱싱한 체취가 남아있는
오래 전 젊은 옷의 주인인 채 산다

아무도 오지 않았다

솔숲 바깥, 태양이 빛나는 바닷가에서
대양으로부터 밀려오는 푸른 물결 곁에서
팔랑이는 치맛자락 펼쳐놓고 있다

시간이 멈춘다 약속은 없다
뜻 없이 일어나는 일상 건너 왔다 그냥 와 버렸다
바람결 스치듯 뒤돌아보고 싶은 아릿한 기억
여기서 찾을 수 있을까
태양이 내 그림자만 남기고 가버리는
쓸쓸한 저녁길을 걸어왔다
뚜벅뚜벅 먼 길 걸어왔다
누군가 이곳에 나처럼 갇혀 있을까
갇힌 자신을 찾아 나처럼 먼길 걸어오고 있을까

멈추었던 시간이 다시 몸을 흔든다
여기가 어디인지 잊어버리고 싶다
치맛자락 털고 일어선다
해가 진다 누굴 기다렸을까
아직 아무도 오지 않는다

요가하는 발가락

열 개나 되는 발가락이 붙은 다리가 아직도 내 몸 구석구석 돌아본 적 없다 하길래 오그리고 구르고 펴고 닦달했는데 오늘은 다리는 두고 발가락 저 혼자 제 할 짓한다 신문지를 집어오고 텔레비전을 켜고 끄다가 방바닥에 떨어진 과자부스러기는 쓰레기통에 넣는다 화장지도 쏙뽑아 이 발바닥 저 발바닥 닦고는 그것도 정확하게 쓰레기통으로 던진다 열 발가락 달고 다니는 게 지쳐 다리는 오늘 종일 아무 말하지 않는다 열 개씩이나 발가락 붙은 다리, 피곤하다

休家의 즐거움

일주일 休暇, 복잡한 일 마무리하고
부리나케 집으로 돌아와 현관문 꼭 닫았다
누군가 창을 두드린다 헉, 더운 바람이 따라왔다
다시 잠긴 문 확인한다
옷을 벗는다 온몸 땀으로 곤하지만
시원한 목욕물이 발가벗은 나를 식혀준다
한여름 뜨거운 갈증도 차분히 씻긴다
평상복으로 갈아입고 밥을 먹고
벌러덩 침대에 몸 던진다 그런데
먼지 쌓인 내 책방은 신기하게 내가 논다는 걸 안다
몸이 그곳으로 향한다
할 수 없이 책상에 가 앉는다

바깥세상이 궁금하지 않다라고 일기장에 적는다 아무도 방해하지 않아 좋다 세상 괴롭고 힘든 일 다 내려놓아 좋다라고 쓴다 비 오고 천둥 오가는 세상 알지 않아 좋다 누군가 사랑하는 마음 데려와 애끓지 않아 좋다라고 쓴다

독백으로 충분한, 내가 내게 말하는 시간이
일기장에서 아픔을 비켜나가 좋은 날들
일주일의 휴가, 자유롭고 편안한 날들!

시간이 내게 무슨 짓을 했는가?

옥상에 설치해둔 오래된 빨래줄을 걷으려고 하자 하얗게 바랜 비닐끈이 바삭바삭 가루처럼 손 안에서 흩어진다 담벼락에 어린 아들이 낙서해 놓은 '은아 바보다'라는 글자도 조금씩 벗겨진 페인트 칠 위에 '으아 바다'라고만 남아 있다 옷장 안에 습기 제거를 위해 넣어두었던 신문 다발이 누렇게 변해 있다 오래된, 어릴 적 일기장을 꺼내본다 비닐에 싸놓았던 그것은 그동안 손댄 적 없는데 많이 낡아 있다

일기장은 여기 저기 혼란한 발자국이
소리 지르며 내 어린 생 이쪽 저쪽 뛰어다니던 것을
고요하게 숨죽이며 간직하고 있다
아이가 어른이 되고 또 아이가 어른이 되고
그렇게 시간은 제자리에 멈추지 않았다
색 바랜 일기장 속 기억이 아침 잠깬 내게 환하고
싱싱한 글자로 남은 것 알았으나
시간이 한 짓으로 가장 잔인한 것은 거울 안의 나를,
이미 늙어버린 나를 보여주는 것이다

걸레

깨끗한 물걸레로 마루를 닦는다
식구들 자취가 묻은 것 같아
걸레를 볼에 대본다
포— 한숨 쉬면 깨질 것 같은 세상
모란꽃잎 뚝뚝 떨어진다
보랏빛 향기의 그늘
다치지 않게 조심스레 건너간다
걸레는 작은 먼지를 훔치고
거기에 사랑스런 발소리와 즐거운 웃음
하루의 시간이 묻어있다
잠시 감았던 눈 뜨면 모란꽃잎은
내 마음 모양으로 식구들을 잠재우고
내일 아침 햇빛 잘 드는 곳에
걸레는 뽀얗게 널린다

즐거운 사람
—자폐·1

창문 조금 열어놓으면
미풍 오는데 커다란 창 죄다 열면
사방에서 폭풍이 온다

창을 닫는다
물주전자는 조용하게 끓고
식탁 위엔 부드러운 빵바구니
나는 뜨개질하거나 책을 읽거나 텔레비전을 보거나
시간이 충분하므로 집안 어디서든 느긋하다
봄꽃 향기 그지없이 창 틈으로 스며온다
즐거운 방 안엔 폭풍이 없다
누군가 문을 두드리지 않았으면 좋겠다

가시나무새

—자폐·2

내 속엔 내가 가지 못하는 세상이 있었네
날개 있어도 날아갈 수 없는 세상
내 꿈 한 쪽에 그런 세상만 있었네

바람 불면 커다란 나뭇잎들 흔들리고
가슴 안에 조그맣게 돋아난 날개
끊임없이 파닥이지만
내 속엔 나만 알고 있는 잊을 수 없는 떨림 뿐

여기 가시만 돋은 앙상한 나뭇가지가 있네
그에게 가는 영원한 날개짓 있으나
내 속엔 가시를 뜯어내던
피 묻은 입자국만 남아있네

황금물병

—자폐·3

가로 세로, 줄 그어진 묘지
거기에 당신의 무덤도 있어요
물 한 모금 없이도 사막에서 살아남을 거라는 말
애초에 당신은 하지 말았어야 했어요

나는 황금물병 하나 갖고 있어요
온 세상 사막이나 유리병 가득 찬 맑은 물은
태양빛 받아 황금처럼 빛났고
마른 바람 속에서도 나를 지켜 주었어요

가로 새로 죽은 목숨 꽉 찬 묘지에서
당신은 목말라 다시 죽겠지만
나의 황금물병은 이제 열리지 않아요
당신을 위해서는 열리지 않아요

티끌
—자폐·4

당신이 죽음을 생각하고 그 길로 향했던 시간이 있다면 평생 그 시간을 용서하지 마세요 세상엔 바람에 날리는 티끌조차도 제 행선지가 있고 슬픈 눈물로 범벅된 사람의 얼굴 씻어줄 손이 있어요 귀신이 날아다니는 듯 한밤 세찬 바람소리 구릉에서 떨어지는 큰 바위 굉음 이겨내면 밝은 날 아침, 폭풍은 잠자고 햇빛 찬란한 오늘이 있어요 절뚝이는 걸음 느려도 봄날엔 언덕에 오르세요 거기서 사람 사는 동네를 내려다보세요 온 세상 사랑하던 기억들에 의지하세요 아무것도 알지 못한 채 세찬 바람에 불려 가는 제 행선지 가누지 못하는 티끌을 생각해요 사람의 영혼, 스스로 거둘 수 없음을 아세요

2

산중일기

숨소리

—산중일기·1

가랑잎들 안고 개울이 얼었다
얼음을 깨고 가만히 물 속을 들여다 본다
붉고 노란 잎들 사이 아른거리는 작은 몸짓
무엇인가 살아 있는 투명한 아침이다
입김 하얗게 산 너머 오는 햇빛과 마주친다
작은 물고기들이 햇살 향해 튀어오른다
말갛게 흐르는 개울 안에는
수 없이 퍼덕이는 살아있는 것들의
숨소리 튀어오른다

잠깐, 흰빛으로 오는
—산중일기·2

어제는 지나갔고
오늘도 이미 다 지나가고 있다
빠른 걸음으로 지나가는 세상
산 아래 사람들과의 약속 잊지 않았다
눈 덮인 환한 골짜기에서
팔 벌리고 저만치 흰 길 밟고 오는
아름다운 약속 잊지 않았다

삭막한 겨울산중
고개 들어 더 높은 산 올려보아도
아직 눈은 오지 않는다
산모퉁이 따라 희디흰 길 열어보려 하지만
눈 오지 않는 검은 흙길 위에
찬비 뿌리다 간다

문소리
—산중일기·3

조용하던 현관문 소리 들린다
한달음에 나가 문을 연다
지쳐 축 늘어진 일상들
활짝 문 열기 미안하게 가슴 안으로 들어온다
어느 곳에서 허덕이다 왔을까
하루를 채우기 위해
숱하게 많은 일들하고 숱하게 많은
상념들에 묶여 있었을 하루
무사히 파안의 세계로 돌아와
그리운 사람에게 안겨진다는 것
그걸 받아들이는 시간, 얼마나 벅차고 기쁜지
문소리는 안다

안개비, 그리고 열여섯
—산중일기·4

소리 없이 산에서 내려오는 안개비, 빗물 고인 뜰
조그맣게 찍힌 발자국, 거기 다가와 앉은 열여섯 살
기억해 보려 하는데 마음 속 말갛다
망초 자잘한 꽃잎 위로 꽃보다 더 희게
비를 버리고 오는 안개!

푸르던 어린 날의 기억을 팔랑이는
흰 치마에 곱게 접고 문 닫으면
열여섯 여리고 맑은 얼굴 방긋 웃고 있는데
창 밖 뽀얗다 안개비 속에는
아무것도 보이지 않아 다시 창을 연다 거기
가슴 떨리게 밀려오는 붉은 빛의 기억
팔월 어느 날이었던가 열여섯 살이었던가
그때 내게 무슨 일이 있었을까?

기억의 순간 스치는
—산중일기·5

자정 무렵 마을에 정전이 되었다
집들은 갑자기 죽은 듯 고요하고
잊고 있었던 유년 어느 날 신비롭던 어둠이
바람을 타고 살갗에 스쳤다
큰 나무는 꿈쩍 않고 나를 노려보았으나
저 나무를 일렁이게 하는 건
산과 강을 돌아 할 일 없이 떠도는 사소한 바람
그 바람 속, 어둠을 구별 못한 시간의 발자국이 있다

유년의 기억, 스치듯 지나가는 순간을
나는 잡을 수 없다 얼핏 그리움 같은 것이
가슴 속에서 고물거리다 사라진다

비 온 뒤
—산중일기·6

*

집 옆 길 가 작은 도랑에서
하루 종일 혼자 물장구치며 노는
통통하고 작고 어린 내가
아이고, 참! 예뻐라

*

꽃 떨어진 자리 지저분하다 하지 마라
네가 밟지 않으면 꽃잎은 바람이 거두어간다
짓무른 꽃잎 빗자루에 쓸려가기 전 한 때
그는 네 환한 세상이었다

*

여름밤, 분홍 자귀꽃이
방금 돌아간 사람 향기인 듯
뜰 안에 머물러 배웅하기 싫어라
아, 자귀꽃!

숲에서 온 편지
—산중일기·7

*

불면의 어떤 날은 꿈꾸지 않고도 달 같은 얼굴 보인다 숲 근처에 머문 새벽녘, 한 장의 편지처럼 바람에 불려와 떨어지는 붉은 잎. 그대가 보냈을까 나의 달 나의 숲엔 아무 일도 없다고

*

황금빛 작은 달이 산 위에서
집으로 돌아가는 나를 보고 있다
누군가에게 사랑하는 마음 보태고……
짧은 시간 속 길고 긴
웃음 물고 집으로 간다

모든 소리를 묻어두다
—산중일기·8

말없이 어여쁜 사람이 좋은 것처럼
지붕 아래 깊숙한 달그림자 푸른 정적이 좋다
마을에 무슨 일이 일어났는지
사각의 창 밖에, 고요한 잠 속에
무엇이 다녀 갔는지
벚나무 조용히 꽃잎 쏟고
옛 마을 홀아비꽃대 같은 이름 쓸쓸해질 때
아무 소리라도 다 묻어두는
말없는 어머니 같이
내 방의 정적, 오래된 무덤 같아 좋다

꽃밭에 앉아서
—산중일기·9

혼자서도 심심하지 않다
꽃밭에 앉아 컴퓨터 앞에 앉아
비 온 뒤 말갛게 개인 하늘가에 앉아
손톱 발톱 고운 색 칠하고
거기 비 오니? 전화도 하고
무언가 아직 쓰다듬을 것이 있고
개울물 흘러가는 것도 들어주고
하늘하늘 날아가는 마음처럼
책장은 산바람에 저 혼자 넘어가고

능소화 꽃잎 줍다

—산중일기·10

새로 피어난 꽃들 사이
능소화 꽃잎 떨구고
여윈 덩굴 서로 붙잡고 놓지 않네
피고 지는 꽃그늘 아래
다리 쭉 펴고 앉아 하늘 쳐다보면
사람으로도 한 번 잘 피었다 지고 싶은데
이 꽃잎 다 주으면 꽃 안으로
사람 안으로 들어가는
덩굴 없이 환한 문 열려 있으려나
새로 피는 꽃들 사이
능소화 꽃잎 지고 마른 덩굴만
서로 몸 붙잡고 놓지 않네

생은 환한 베일에 가려져 있다
—산중일기·11

걷고 있는 것
누구를 만나고 있는 것
구토하는 것 손톱을 다듬고 있는 것
배고픈 채 엎드려 텔레비전 보는 것
이른 아침 차가운 몸으로 일어나는 것
자작나무 숲에 가 한참 서럽게 우는 것이
누군가에게 정답게 전해지는 일 없다

아무도 내가 잠자는 밤을 본 적 없다
달빛 부드럽게 비치는 바다를 헤엄치 듯
꿈 속에서 누군가를 사랑하는, 처연한 내 모습
지켜 본 사람 아무도 없다

메시지
—산중일기·12

적당히 화내라 밥 먹을 때 울지 말고 산중에서 가부좌하고 꼼짝 않으면 어떻게 하니 전화했을 때 울지 않았으면 좋겠다 신발 사이즈 맞지 않았니 네가 절뚝거리던 거 싫었어 우리가 앉았던 낡은 의자는 치웠어 네 눈물 같은 하늘이 파랗게 개었어 네 다정한 말소리 어디에 있니 은행알이 떨어지기 시작했어 너는 그 냄새 싫어했지만 나 혼자라도 주워 올게 치마폭 펼쳐 봐 내가 가을잎 모두 보내 줄게 주말 오후 우리 나무 아래 서 있을 게 꼭 와 너 또 우는 거니 그러지 마 우리 푸른 날씨 속에 있자 잠들기 전 사랑한다는 말만큼 진실한 건 없어 잘 자, 사랑해!

아까운 것은 숨겨두고
—산중일기·13

버릴 것이 너무 많다
오랜 세월 동안 비죽한 칼날처럼
동그란 웃음처럼 내 알지 못한 곳에
숨어있던 것, 그걸 찾아내면 온 몸이 아프고
그걸 잊으면 할 일이 없어진다
어제 내가 웃던 일 잠 깨면 기억나지 않지만
아침은 나 먼저 깨어나 기지개 켜는 나를 기다린다
어제 아까웠던 일, 내일도 아까울 일
미웠거나 어여뻤거나 모두 나의 시간 안에 있지만
그게 무엇인지 모르는 채
신발 가지런한 문 안에 숨겨두고 산다

바다는 나를 보고 있을까
—산중일기·14

당신의 바람으로 해국이 피고 灣은 지금도 붉은 태양 건져 올리고 있겠네 산중 홀로 잠들고 있는 시간, 새벽빛 파도 타고 온몸 일렁이는 꿈꾸지만 서늘한 바위틈 아래 내가 숨겨놓고 온 것 무엇일까 키가 크며 자랐던 당신 품 안 아직도 내가 살고 있을까 잠 깨어난 아침마다 기지개 켜며 갯바람으로 숨 쉬던 여러 해 기억하고 있는데 당신은 아직도 나를 기다리고 있을까 소리 없이 내 손 끝 뿌리치던 물고기를 다시 잡을 수 있을까 언제 청명한 얼굴로 붉은 태양을 볼 수 있을까

캄캄한 산중에선 아무것도 잡을 수 없다
바다는 가는 가득한 기억의 바구니로 옛 시간 실어보내면
조약돌처럼 반짝이는 여자아이가 푸른 물결 곁에서
모래톱에 밀려온 작은 조개껍질 줍고 있을 텐데
치마폭 펴고 앉아 조개껍질 줍고 있을 텐데

자작나무와 별
—산중일기·15

여름의 자작나무를 알지 못해요
눈 덮인 겨울숲, 하얗게 알몸인 그의
순수만 기억해요

한없이 아파 돌이 되고 싶을 때
소리 없이 찾아오는 슬픔처럼
동쪽하늘 자작나무 가지에서 별이 돋아요
자작나무는 슬픈 사람들의 이름만 불러요

가을 아침
—산중일기·16

이끼 낀 늙은 바위에 나붓이 앉은 빨간 나뭇잎 함께 잠깬 가을 아침 차갑고 깊은 물과 그보다 더 깊은 골짜기에서 태양이 떠오르길 기다리는 서늘한 이마 위로 툭툭 떨어지는 익은 열매들 어제인 듯 지나 온 길가에 수없이 떨어져 있던 내 속의 말들이 단풍잎 주워 모으는 손 안 가득 쌓인다

하얀 별
—산중일기·17

눈이 녹아내리는 갈참나무숲을 지나 숨 가쁘게 당도한 나의 집, 하얀 입김이 먼저 들어 가 식은 물주전자를 만지며 따뜻하다 말한다 가스렌지 불을 켠다 얼룩진 옷을 벗고 눈처럼 흰옷으로 갈아입는다 금방 주전자의 물이 끓어오른다 사방이 환해진다 창을 연다 치열한 하루의 끝 저 멀리 있던 별들이 내려와 흰옷 위로 눈물처럼 매달린다

그것, 회오리
—산중일기·18

창 밖에 둔 겨울소리 스산하다
바람 불고 눈 잠깐 스치고
누군가 쓸쓸하게 걸어가고
그렇게 산 겨울 지나가고
그렇게 시간 지나가고
봄이 왔다
회오리 바람, 회오리 눈보라
지난 겨울, 그 속에서 사람도
움인 듯 살아남아 아!
회오리처럼 피어나는 꽃보라!

달팽이
—산중일기·19

—길바닥에 나둥그러져
조각나지나 않을까? 행여 탈선되어—

길은 멀고 늦여름 햇빛 사방에 한가롭다

한 발 한 발
당신에게로 잠식당하고 있는 눈빛이 좋아라
탐스럽게 꿰맞추어 놓은 당신 삶 안에
조금씩 입술 디밀고 있는
순수한 발걸음이 좋아라

봄 안개
—산중일기·20

눈물 주렁주렁 달린 가을 지나
눈물 꽁꽁 언 겨울 지나
눈물 꽃밭 적시는 봄 안에 와
나 아기옷처럼 날다
호, 뽀얀 하늘 가득 꽃보라!

자작나무
—산중일기·21

별 사이,
자작나무 아기처럼 서 있고
골짜기에 바람 밴 물소리 가득하다
양팔 감싸안고 깊은 밤 속으로 가면
풀잎 스치며 개울 지나가는 사람향기 난다
풀꽃 같은 사람향기 난다

3

타임캡슐

나의 창으로

바람 따뜻하여 기뻐라
저문 봄날 나의 창으로 왔다간 그것처럼
하늘보다 더 아득한 곳일까
그가 시작해 오고 있는 곳은
엷은 물방울이 튀듯 향기로운 꽃으로 두둥실
그리운 집을 향해 오고 있는

이 밤 어디에 숨어 그를 기다릴까
빙긋 웃고 마는 수목의 대답으로
바람은 뜨겁게 목덜미 스치는데 언제쯤
내 창 안 불빛 곱던 기억 말하게 될까
아직도 한참이나 할일 남은 주방
아주 작은 창 너머
봄꽃은 밤새도록 지고 있는데

타임캡슐

새 봉투에 시를 넣고 봉인했다
글과 글씨의 세계는 아직 푸르고 아름다웠다
내 시가 뛰고 있다 목단꽃잎 위에 엎드려 있고
꽃그늘은 주방 한 쪽에서 찻잔을 엎지른 채
울고 있는 아이 같다
세상이 참 눈부시다 하지만 뛰고 있던
시의 행방 묘연하다 어디로 갔을까
제비꽃이 보라빛 손가락으로 서쪽을 가리킨다
그래 저쪽이다
새 밥 지어 예쁜 그릇에 담아 놓는다
그러면 나의 시는 굶지 않는다
며칠 전에 벚꽃이 다 졌다
꽃비 날리며 눈을 다쳤다 그 조금 아픈 것과
밥그릇과 제비꽃 목단의 향기
내 시들의 오래된 세계를 모아
타임캡슐을 만들었다

저 가지의 남쪽 끝으로

얼마나 많이 앓아야 저 가지 남쪽 끝
나의 열매에 다가온 별을 볼까
상한 머리카락 빗질하는 바람과 함께
잠 깊은 창을 두드리게 될까
가뭇한 햇살에 들켜 캄캄한 눈 떴을 때
사지 위로 녹아내린 눈의 흔적
둥글게 뚫린 벌레의 집들과 함께 아문 살갗
가만히 내려 보았네
묵계의 늪 이제 겨우 건너온 그는
바삐 외투를 벗고 아주 말라있던 뿌리
조금씩 빨기 시작했네 누군가 내게
석상처럼 온몸이 식었다 말해도
몸 속 가득 수액 뜨겁게 흐르고
저 가지의 남쪽 끝으로 이미 나의 열매는
별처럼 열려 있었네

팔랑이는 머릿결 사이

하얀 구름 사이 겹겹 푸른 하늘같은
치맛자락 가만 내려다보면
땅도 바다도 모두 그 안에서 찰랑였다

냇물 위로 떠가는 엷은 꽃잎 건져올려
손바닥이 마를 때까지 서 있었다
산비둘기가 울지 않고 날아갔다
산 너머 미지의 세계를 향해
꿈꾸듯 날아갔다

해변에서 바다로 지는 붉은 해를 보았다
슬픈 노래를 부르기도 했으나
세상은 천만 가지 속삭임을 보태어
노을 안에 그려내고 있다
아직도 찰랑이는 머릿결 사이
오래전 아름다운 처녀의 모습을
무수한 시간이 오간 흔적을

별똥별

강 건너 망자의 집으로 떠난 사람은 다시
돌아오지 않는다 이승의 술잔 가지런히 차 있고
남은 사람들은 스스로 남루해져
술잔마다 어둠이 깊다
창백한 별빛이 강물 위의 시간을 가늠해 주지만
포플러 그림자 따라 길게 늘어선 사람들은
냉기를 막고 서서 돌아갈 줄 모른다
진하고 슬픈 기운 마을 쪽으로 내려가고
죽음은 이 풍경 안에 동화되고
누군가 술잔 들어 물 위에 뿌린다
적막한 의식의 시간, 등불 속에서 흔들릴 때
다른 영혼으로 몸 바꾸는 사람!
저기, 별똥별!

사랑 한 잎처럼

작은 강이 흐르고 있었네
당신은 어제 안경을 새로 맞췄고
이제 선명히 나를 볼 수 있을 것이네
소슬한 바람 불어오고 살갗에 소름 돋았네
내가 바라보는 강은 한나절 동안
수없이 많은 잔물결로 부서지며
온 종일 갈잎 사이 헤매며 흘러가고 있었네
넓은 바위 곁으로 지나가는 물사위
강 어귀에 떠밀려오는 물거품

당신이 안경 벗고도
나를 볼 수 있었으면 좋겠네

늦가을, 장미꽃 한 송이

당신은 꽃과 가시 사이 그 거리를 알지 못합니다 새로 입은 치맛자락 비집고 들어와 다리를 찌르는 가시의 아픔을 알지 못합니다 빼곡히 기쁨만 쌓아두고 싶은 곳에서 곧 지고 말 꽃의 슬픔을 읽습니다 그 슬픔 속에 당신이 없기를 바랍니다 일기장에 기쁜 일들만 적습니다 꽃을 안은 채 가시만 내민 장미, 찔린 손가락 빨며 당신은 돌아갑니다 장미꽃과 가시, 영원히 한 몸인 걸 당신은 알지 못하고 돌아갑니다

푸른 배경·1
—낮잠

백합 만발한 정원, 아주 짧은 오후
신발을 벗고 꽃밭에 누웠다
흰구름과 함께 빛나는 태양 아래
깊은 숨 속으로 넘나들고 있는 꽃향기 아래
가만히 누웠다 자리털고 일어나지 않으면
향기 안에서 영영 잠들 수 있겠다
숨 막히도록 누군가 사랑했던 시간도
이 꽃자리에선 잊을 수 있겠다
일어나다 다시 주저앉아 폭 영혼이
꺼지는 소리 들을 수 있겠다

백합 향기 가득한 그대의 정원
가지런한 신발 속에 든 향기로운 낮잠,
꿈 속 아주 먼 사랑 남기고
조용히 돌아가는 사람 있겠다

푸른 배경·2
—그는 빛을 가지고 있다

부다페스트 어느 뒷골목에 어둠이 온다 햇빛 길게 저물어 그림자 드리우는 시간, 한 늙은 남자가 긴 막대기 불은 들고 골목으로 들어선다 하나 둘 가스등이 켜진다 뚜벅뚜벅 남자의 발자국 끝난 지점 뒤돌아보면 밤 골목 등불 환하다 남자의 녹 쓴 팔 내려진다 컴컴한 골목에서 어둡게 짖어대던 개 한 마리가 그를 따라 집으로 간다 남자는 미래의 남은 등불을 개와 함께 집으로 가져간다 그는 빛을 가지고 있다 내가 아무리 애써도 가질 수 없는 등불을 등이 굽어 늙은 남자에게서 본다

눈이 내린다
마당에 펴놓은 온 세상 희고 밝다
검은 망토를 입은 남자, 부다페스트에 두고 온
그의 가스등과 함께 발 딛는 곳마다
환한 등불 켜지는 꿈속에서
캄캄한 세상 조용히 내려놓겠다

겨울 연인

십분 뒤에 나와!
그래, 자작나무숲 근처
작은 가게집 투명한 창에
보이는 건 그냥 겨울이었네
난로불 꺼질 때쯤
남자는 먼저 자리에서 일어났지
눈 덮인 산 어느 구석에
아낄 것 없이 주었던 모든 것들이
잠자고 있었을까
흰 산머리 위에서 빛나는 별들을 보며
여자는 기다리고 있네

자동차 이제 따뜻해졌다
가자! 졸던 여자를 감싸안고
남자는 집으로 돌아가네
따뜻한 자동차를 타고
여자도 집으로 돌아가네

수직으로 솟구치다

바다의 힘을 이기지 못한 햇살이
물결 위에 둥둥 떠 있다
감출 수 없는 두려움이 떠 있다
물결은 잔잔하고
완강한 바다껍질은 현명하게
내 두려움의 한계를 묻지 않고
아주 조용하다
나는 이제 나를 가두고 있는
바다 속을 헤집고
수직으로 치솟을 것이다
치솟아 지상에서 숨쉴 것이다

나는 이 바다에서 살아남을 것이다
햇빛 가득한 봄날의 수면으로 치솟아
고래처럼 큰숨쉴 것이다

홀로 기차를 탄다는 것은

낯선 플랫폼에 서 있으면
사무치게 그리웠던 시간들이 함께 있다
열차바퀴는 셀 수 없이 빠르게 지나가고
빈 선로, 가을 잎사귀, 그 위에 내리는 눈발
홀로 기차를 탄다는 것은
사는 일의 짐 위에
소복이 내리는 눈발 걷으며
'어디로 가세요?'라고 묻고
그들의 짐을 받아 줄 수 있는 가벼움!
내 몸이 홀로임으로 충분히 그리할 수 있는,
사랑하는 이의 발길이 눈 내리는 선로 위에
자국도 없이 사라지는
낯선 플랫폼에 서면
홀로임으로 충분히 그리할 수 있는

조용히 내 방으로 와

어깨 위로 이불 덮어주는
사람 있었으면 좋겠다
갈바람 스칠 때 미리 겨울숲으로 온
포얀 눈송이처럼 나 아름답다 말해주는
사람 있었으면 좋겠다
댓숲 찬바람 일고 어제처럼
다시 침상에서 일어나는 시간에
조용히 내 방으로 와
물 끓는 주전자를 바라보는
어린 날의 어머니 같은 사람 있었으면 좋겠다
창 밖에 진눈깨비 내리고, 다시 잠든 내 침상에서
오래 머무를 수 있는 사람 그런 사람이
이불처럼 온몸으로 나를 덮어줬으면 좋겠다

雪蘭

그는 나를 떠나 있었다
무너질 듯 쌓인 책들 사이로
안개 앞세워 돌아온 겨울은 몹시 흐렸다
그가 새순과 꽃대를 안고
창가로 옮겨 오던 날 나는 콧등이 빨간 채
온몸에 묻은 빈곤을 털어내기에 바빴다

해마다 되풀이되는 재회의 약속
가슴 밑바닥에 새파랗게 감추어져 있던
여위지 않은 기쁨을 우리는 잘 알고 있다
피폐한 삶 가득 채워줄 보약처럼
쓰면서도 달콤한 떨림
깊고 향기로운 강

合歡

싫어도 아주 싫지는 말고
자귀나무 꽃잎 오므라들 듯
조금만 눈을 감아요

슬퍼도 아주 슬프지는 말고
옷깃 헤치는 목마름, 먹빛 꿈을 꾸다가
발자국 흐려지는 그대 부름에
나는 또 두 눈을 앓아요

4

내 기억의 배경

아기걸음

누군가 발을 씻겨줬으면 좋겠다
내 발이 엄마가 씻겨줄 때처럼
보드랍고 뽀얀 것이었으면 좋겠다
온종일 일하다 통통 부은 발 보면
어린 날 댓돌 위를 걸어내리던
조그마한 발로
사랑스런 아기걸음으로
엄마에게 가고 싶다

바람의 정령

먼 곳에 있던 순간들, 바람결에 스쳐 간다
노랑 빨강 색깔 있고 동그란 얼굴 있고
물결치는 푸른 보리밭 자락 있고
어여쁜 명절 추억 있고…… 스쳐 가는 바람 속
기억 붙잡을 수 없지만 하여간 그래
갓난아기를 맨살로 안았을 때처럼
말랑하고 풋풋한 느낌도
아주 잠깐 내 방안 맴돌다 간다
망막 속에 간직돼 있는 숱한 장면들
함께 더 무엇 있었을까
봄날 바닷가를 거닐 때처럼 아련한데
가슴 속 사무치며 부는 바람 빛깔 알 수 없다
오랜 시간 지나 와 짧은 기억 속 스치고 가는
바람의 정령! 알 수 없다

바람, 아기랑 잠자다

마당 가득 보드라운 바람 속
노랗고 작은 꽃 하나
하늘하늘 푸른 하늘 바라고 있다
방긋 웃을까 마음을 오무릴까
온 생각 다 보태도 봄 오는 길 시간 짧은데
꽃 겹겹 속살 피워올리는 동안
햇살 가득한 요람에서
코— 잠든 아기!
봄 정령 함께 잔다 바람도 멈추었다
쉿! 온 세상 다 가만히 있다
봄이 멈추었다

집 짓는 일

내가 강물과 섞이어 말을 배웠을 때
바람과 풀잎에 섞이어 시를 낳았을 때
7월 폭풍에 휩쓸려간 햇빛을 찾아
아버지는 집을 지어주었다
다시 죽지 않는 풀잎으로

사람 사는 일 평생 집 짓는 일
사랑하는 사람 가슴에 둥지를 트는 일
가시만 남은 추억과 벼랑 끝에 선 알몸 감싸고
오래 버티어 주는 일
사람 사는 일 한평생 집 짓는 일
작은 벌레처럼 고물거리며 돈황의 석굴처럼
오래오래 몸 갈아 집 짓는 일
말을 배우고 시를 쓰고
인간의 자식으로 살아남기 위해 집 짓는 일

엄마의 집

—천국에의 기도·1

거기에 돌아가고 싶어
동그랗게 몸 구부리고 캄캄한 곳에 있을 때는
따뜻한 엄마 몸 안으로 돌아가고 싶어
거기서 다시 태어나고 싶어
이제 엄마된 시간 오래인데 아직도
나는 엄마의 아기이고 싶어
아이들이 잠깨어 나를 찾을 때마다
보송한 꿈자리에서 깨어나고 싶지 않아
엄마의 뜰 안 말갛게 피어나던 꽃들처럼
다시 그 꽃밭으로 돌아가고 싶어
아이들과 함께 엄마 집으로 가고 싶어

나의 뜰
—천국에의 기도·2

1

들판, 노랗고 자잘한 봄꽃들 사이 일렁이며 지나가는 건 바람이지 새 둥지 어여쁘고 그 안의 작은 생명들 깃털 나부끼게 하는 것도 바람이지 꽃잎 무더기로 피고 진 오후의 언덕에서 떨어진 꽃잎들 모아 바람에 날리고 서 있으면 새들은 저녁하늘로 날아오르고 나무의 남은 꽃들은 속살 털며 부드러운 바람에 그의 다음 생을 날려 보내지 아프거나 서럽거나 무언가 보태어 할 말 있을 것 같은데 눈가로 스쳐가는 이 바람의 순간 아무 일도 일어나지 않아 아무렇지 않아

2

아침에 눈을 뜨니 비가 와 있군요
맑은 창에 물방울들이 달려 있네요
캄캄한 밤 지나온 눈물처럼요
비는 조용하고 따뜻해요
내 눈물 아프지 않게 거울 속에 남겨두면
다음날 상큼한 이슬로 변해 내 뜰 안

모든 꽃들 말갛게 피어나겠지요
사랑해요 세상 모든 것들에게
사랑하는 마음 보태면 나는 아마
천상에 있을 거예요
빗방울처럼 투명하고 아름답게
천상의 환한 그곳에 매달려 있을 거예요

하루
—천국에의 기도·3

식탁 위 유리에 비친 맑은 얼굴들을 봅니다
밥 먹을 때마다 환하게 웃고 있는 아이들의
온종일 이야기를 듣습니다
다시 태어나도 엄마의 아들이고 싶어
숙제는 이따가 할게, 신발주머니 빨아줘
엄마! 나 선생님이 좋아, 오늘 가방을 메어주셨어
학교에서 오다가 병주엄마 만났어,라고…….
무수한 말을 하고, 그렇게 하루가 지나가고
아이들이 잠든 후 방마다 켜져 있는
등불을 조용히 끕니다
어디선가 속삭이는 소리 들립니다 아마도
천사들이 온 것이겠지요
잘 자거라 내 아이들아!라는 말에 덧대어
천사는 무슨 말을 속삭이고 있을까요

숨바꼭질

저렇듯 말갛게 벗은 몸 속에
얼마나 많은 꽃들이 숨어 있는지

어느 호숫가를 지나치는 동안
이른 봄처럼 물안개 피어오르고
다시 피어날 꽃들은 하얀 웃음 멈춘 채
길 옆으로 위태롭게 비켜 있다

어머니가 거두어준 태, 아픈 시간에 매달려
나 아주 깊은 곳에 잠들고 싶었는데
가지마다 숨어있는 꽃눈에게
살아가는 일 모두 들키고 말았다

마지막 연습

답답해, 네가 답답해
가슴을 쥐어뜯으면
손톱자국만 남는 걸
리허설은 이제 그만
갈등하지 마
연습은 이제 그만해
연습은 중독될 뿐이야

네 파리한 얼굴
아무도 이해하지 않아
고민하지 마
잠자고 일어나면
꽃마차에 실린 시들이
활짝 날개 펴고
집을 떠날 거야

꽃밭에서
—봉선화 물들이기

마음과 몸 모두 바깥세상에 가 있었는데 휴일은 매번 엷은 잠 속처럼 하얗다 지난밤 무슨 일 있었는지 기억나지 않는다 아버지는 화가 나셨다 창 뒤에 걸어둔 열쇠고리 꽃밭에 숨었다 하루를 앞으로 뒤로 건너뛰면 열쇠 없이도 눈 흘기는 어머니 문 열어 주신다 하얀 발톱 밤사이 발갛게 물들었다 봉선화 요정 내 깊은 잠 속 다녀가셨다 어머니 잠 깬 내게 방긋 웃어준다 오늘 아침은 해님이 오지 않았으면 좋겠다

내 기억의 배경·1

그 때는 몰랐을 것이다 그 바닷가를 거니는 동안에도 솔숲 위로 빛나는 태양과 그 그늘 안에서의 캄캄한 설렘 모른 채 우연히 그 곳을 거닐었을 것이다 겹겹 금빛으로 떠오르던 태양이 바람 부는 언덕 아래 노을만 남기고 저무는 곳 수선화 그림자만 안고 곤히 잠든 연못도 있었을 것이다 어느 쓸쓸한 가을 저녁 두 손 동그랗게 모으고 사랑하는 사람들이 오는 발자국소리도 들었을 것이다 내 그리운 기억의 배경 안엔 아버지 다정한 목소리도 함께 있었을 것이다 아침마다 골짜기로 흘러내리는 조용한 물 같은 뭉클 알 수 없는 무엇인가가 내가 섰던 곳에서 먼 그곳으로 돌아가 아무런 뜻 없이 설레고 아프고 아름다운 시간 만들고 그 안에 나 동그마니 앉아 있어야 하는 지도 다시 그리운 배경 안으로 흘러들어 가고 있는지도 모른다

내 기억의 배경·2

길가에 핀 민들레 하얀 속살, 여린 상추잎 위로 초여름 선선한 바람 지나고 나면 묵은 서책 꺼내 뜰 한 곳에서 햇볕에 말리던 흰 앞치마를 두른 어머니와 어머니의 아름다운 꽃밭을 기억하는데 장을 뜨고 달이는 냄새가 살구꽃 피는 장독간 너머 오밀조밀 둘러앉은 농가 지붕까지 고스란히 덮으면 신발과 조약돌과 반짝반짝 빛나는 장독들과 마당에서 땅따먹기하는 동무와 함께 나는 어머니의 하루를 어지럽혔는데 어머니는 행주치마 고이 접어 옷걸이에 걸어둔 후 해 늦은 하루를 방 안으로 고스란히 들여와 또 뜰 안의 피고 지는 꽃들에 대해 말해주었는데 헤아릴 수 없이 많은 꽃이름 기억에 스쳐간 꽃들 다 알지 못하지만 그걸 스쳐가는 바람 같은 어머니 목소리 선명한데…….

귀향

1. 비

창가에 비 내릴 때
일어서서 비를 보았다
마른 풀잎 아래 떨어지는 물방울 따라
몸뚱이는 뚜벅뚜벅
하느님 나라로 가고 있었다
영혼은 자박자박
옛 마을로 돌아가고 있었다

2. 연 싸움

낯선 길이 끊어지듯
연 꼬리에 묻은 풀냄새
끈적한 우정 툭! 끊어져
언 하늘로 사라지고
얼레에 감겨
나지막하게 깔린 나의 발자국
담 모퉁이 돌아가는
네 슬픈 얼굴

3. 사립문

가는 비 헤치며
뜰 안 가득 봄바람 불 때
집 보던 아이는 어디로 가고
풀씨처럼 숨겨진 고운 이름
모두 그리운 저녁나절
집 보던 아이는 어디로 가고
소리 없이 밀리는 사립문
샘 가로 날려 와 소복이 쌓인 복사꽃
집 보던 아이는 어디로 가고

4. 추수

감나무에서 감 떨어진다
밤나무에서 아람 떨어진다
사람나무에서는 아기가 떨어질까
잘 익은 열매들 툭툭 떨어진다
햇빛 가득한 타작마당 한 귀퉁이
뽀얗게 살찐 아기 하나 방글방글

아이야! 삼월에는

창을 흔드는 건 사뭇 바람이란다
네가 태어나기 전 엄마가 태어나기 전부터
삼월이면 봄바람이 저 멀리서 오고 있단다
아무도 바라보지 않는 산꼭대기 오래된 나뭇가지에서
혹은 땅 속 작아지고 단단한 씨앗 하나에서
이쪽으로 오고 있는 반가운 손님이 봄이란다
내 집같이 어깨의 짐 부려놓고 겨우내 언 발로
바람 앞세워 우리들에게 온단다
노랗고 자잘한 꽃잎 앞세워 여기로 오는 일이
환하고 기쁜 시간임을 바람은 알고 있단다
가슴 안에서 뭔가가 꼬물거리는 게 있잖니?
아이야! 엄마의 입김 속에도 봄이 가득하단다

노을

저녁 무렵 어린아이 둘과 손잡고 낮은 언덕을 오릅니다 노을이 구름에 섞여 황금빛입니다 아이들의 손은 보드랍고 따뜻합니다 언덕에서 보는 서쪽하늘과 겹겹 이어진 산맥은 미지의 세계인양 붉은 빛으로 신비롭게 물들어 있습니다 노을빛을 받은 아이들의 얼굴이 표현할 수 없이 아름답습니다 "엄마! 저거 예뻐!" 하늘을 가리키며 큰애가 말합니다 뒤돌아 엄마 얼굴을 향한 작은 아이도 말합니다 "엄마 얼굴이 더 예뻐!" 그래요 이 붉은 노을 안엔 모두가 다 예쁩니다 노을에 잠긴 먼먼 산너머엔 동화처럼 꿈 속 같던 그 가을 언덕이 내 아이들 가슴 속에도 오래오래 남아 있을 테지요

가을 나비

나뭇잎 사이, 노랑 풀잎 사이
어디서 멈추었던 발길이었을까
아주 작은 몸짓 하얗다

나 어떻게 살다 어떻게 이 가을문
한적한 시간 안으로 들어와 있는지
맑은 아침처럼 청명한 혼으로 눈뜨고 있는지
바람에 날려가는 나뭇잎 따라 가면
어제인 듯 봄꽃 향기 가득한 들판에서
날개짓하던 꿈꿀까
내 안에 살고 있는 알 수 없는
가을 나비, 언제 시안*으로 들어가
깊은 잠자게 될까

---

*전라도 방언으로 겨울을 뜻함.

발가락

파란 대야물에 발을 담근다
발톱엔 어제 색칠한 터키블루 선명하다
조물조물 발을 주무르고 있는 내게
큰 아이가 묻는다 엄마 발이 아파?
아니, 아니야! 지금 나 아주 기뻐!
온종일 내 발이 나를 데리고
이곳 저곳 다니느라 애썼는데
물 속에 가지런한 발가락들
서로 예쁘다고 하거든!

산중일기

1. 이중 시간

오래전에 읽은 『부다페스트의 전설』 속 '루이즈 하먼'이라는 심령술사를 찾다가 컴퓨터 모니터 안에 떠오른 인물, '아니타 루이즈!'

그녀의 얼굴을 마주하고 난 심장이 얼 것 같았다. 세상에 태어나 그렇게 아름다운 얼굴을 본적이 없다. 손톱을 깨물며 응시한 흑백화면 안, 오랜 시간 너머와 펼쳐진 희한한 세상 겹쳐져…….

보라색 치마를 입은 여자아이가 솔숲에 앉아 있었다. 흙바닥은 축축하고 큰 소나무 밑동엔 초록색 이끼가 자라고 있었다. 햇빛은 없었지만 세상이 무영등 아래처럼 밝았다.

여자아이는 일어나 솔숲 바깥 해변을 향해 걸었다.

얼마를 걸었을까, 물결 찰싹이는 바닷가에서 마을 사람들이 맑은 봄 하늘 아래 풍어축제를 펼치고 있었다.

아이는 그곳을 향해 다가갔다. 아름다운 어머니 얼굴

이 보였다. 그러나 사람들은 아무도 이 아이(나)를 알아보지 못했다. 아이는 슬펐다. 아이의 가슴 속을 누군가 쓸쓸하게 걸어 지나가는 것 같았다.

보일 듯 보일 듯 옷자락만 저 앞으로 걸어가는데 아이는 그걸 잡을 수 없었다. 신발을 벗고 아이는 뛰어갔다. 그러자 갑자기 해변은 안개 속에 사라지고 따뜻하고 환한, 넓은 들이 나타났다. 봄꽃들이 끝없이 피어 푸른 목초지에 가득했다.

보라색 치마 가득 무리진 꽃들이 안겨져 왔다.

아이의 가슴을 지나던 그가 갑자기 발걸음을 멈추었다. 그의 목소리가 들리는 것 같았다.

—당신이 살아가는 동안 슬픈 일 없기를 바랍니다.
아무것도 묻지 말고 아무것도 알고 싶어 하지 말아요.
그냥 해 뜨는 창, 달지는 산 아래서
행복한 맘으로만 살아요. 아버지 어머니는 잊어요!
슬프지 말아요. 숱하게 마음 아플 때
그 맘은 발 닿지 않은 먼 곳에 두어요!—

퍼뜩 눈을 떴다. 일 분도 채 안 된 시간, 아름다운 아니타 루이즈가 아직 화면에서 사라지지 않고 나를 보고 웃고 있었다.

장주지몽이 이런 것이었을까? 잠깐 몽환의 세계를 본

것이다. 그 후, 아주 가끔 옛 기억과 지금 삶을 구분하지 못할 시간이 뇌리에 스치고 지나가는 걸 느낀다. 그러나 암울한 시간 저 너머 언제나 밝은 얼굴들이 내 가슴 안에 머물고 있음을 아는 것이 현실이어 기쁘다.

누구나가 경험할 수 있는 정신세계에서 순간으로 일어난 어떤 일들을 나는 깨달은 것이리라, 그것이 이중으로 겹쳐져 내 기억 속에 머물다 사라지는 것도,

아마도 내가 시를 쓴 하고 많은 시간들도 이중 삼중으로 겹쳐진 몽환 안에서, 아주 짧게 스치며 지나가는 것들을 잡을 수 있었던 것인지 모르겠다.

2. 치유의 숲

아무도 삶의 높낮이를 정확하게 말해줄 수 있는 사람은 없다. 그러나 시는 그렇지 않았다. 밤 꿈에서, 태양이 빛나는 오후의 나무그늘 아래에서, 사랑하는 사람들을 만나던 아름다운 해변에서의 시간이 그랬다. 아프고 쓸쓸한, 캄캄한 세상 숲 안에 내가 살아 있음도 함께 알게 해주었다. 그러나 내 삶은 높낮이 없이 소중하기만 했다.

내 뜰(테라스) 안엔 나를 치료하는 붉은 꽃들이 언제나 피고 있다, 나는 이 뜰을 숲이라 말한다. 퇴근 후 집

으로 돌아오면 문을 열고 내 치유의 숲 공기를 하염없이 마신다. 따뜻한 흙냄새와 함께 내 하루의 일상이 문을 닫을 때까지,

오랜 상념의 한 구석, 어머니와 함께 피웠던 꽃들의 미래가 여기 내 뜰 안에 있음을 안다. 그래서 글을 쓰는 시간도 그 안에 있다. 바깥 자연을 건드리지 못한 채 왜소한 모습으로 집으로 돌아오면 삶은 높낮이 없이 언제나 평범한 일상이라는 걸 깨닫게 하는 시간, 그래도 시와 함께 황홀한 꿈속에 있게 하는 뜰이 있어 나는 어머니처럼 내일의 일상을 또 기다리는 것이다.

3. 본능

나는 시를 평범하게 살아가는 사람들에겐 전진도, 후진도 아닌 일상에서 그냥 참 아름답다, 혹은 슬프다라는 것 외에 따라오는 것들, 문학적 소양을 떠나 모든 이들이 편안하게 독자로서의 심상에서 적당한 거리를 두고 이해할 수 있는 범위 안에서 작은 카타르시스를 경험하게 하는 것이리라 생각한다. 많은 사람들이 일상과 가까워져 있는 시를 읽고 그 시를 쉽고 편안하게 이해할 수 있게 하는 것이 시를 쓰는 모든 이들의 진솔한 임무라 생각한다.

나는 무한한 세월과의 투쟁. 전통과 창조, 질서와 모험 등의 어려운 세계, 내가 공부할 수 없는 복잡하고 미묘한 다른 세계에 나를 놓아두고 구속할 수는 없었다. 평범하고 쉬운 문장으로 시대나 역사를 그르치지 않는, 내 본능과 재능의 한도 안에서 글을 쓴다. 자연스레 따라오는 서정성을 버리지 않았다. 풍자나 해학은 거리를 두었다.

갑자기 칼릴 지브란의 시 「삶에 대하여」의 앞 구절이 떠오른다.

> —삶은 고독의 바다 속에 있는 섬, 그 섬의
> 바위들은 희망이고, 나무들은 꿈이며,
> 꽃들은 쓸쓸함이고, 시냇물은 목마름이다.—

많이 동감했다. 아무도 그가 전해주는 이 시의 뜻을 부인하지 않으리라.

4. 기쁨만 적고 싶었다

시를 쓴다는 일, 그것은 내가 살며 겪어본 가장 슬프고 고통스러웠던 모든 것이 사막의 모래처럼 켜켜이 쌓여있던 시간을 지나왔기 때문에 할 수 있었으리라. 그러나 멀고 먼 기억 속에 묻어두고 싶었던 그 숱한 것들이 가시가 되어 찌를 때마다 그 찌름이 멈추어질 때야 비로소 사소하게 다가오는 즐거운 것들이 나를 행복하게 한다는 걸 깨달았던 것이다.

나는 세상 사람들이 슬프게 목 놓아 울며 불행을 이야기할 때마다 귀를 막고 눈을 뜨지 않았다. 그리고 아주 작은 것에서라도 기쁨을 찾아냈다. 그러니까 세상엔 참으로 알 수 없으리만치 즐겁고 행복한 일들이 우리 곁을 스치며 머물며 지나가고 있었던 것이다.

빌 브라이슨이 「거의 모든 것의 역사」에서 말한 것처럼 내가 지나온 짧은 시간 안에도 그것은 다 있을 수 있는 일인 것이다.

기쁨만으로 글을 쓰긴 어렵다는 걸 안다. 그러나 시 속 치유의 낱말들이 아픔을 이겨내기 위한 인간 심중을 다스리고 그에 대한 기쁨으로의 정화 목적이 나의 것이 되었음을 부인할 수 없다.

머릿속을 스쳐 지나가는 수많은 기억들, 그 속에는 해변의 쓸쓸한 저녁을 등지고 집으로 돌아가는 말간 얼굴도 있다. 붉은 해와 뺨 위로 흘러내리는 노을 빛깔 같은 눈물을 내 안에 각인해준 노래도 있다. 사람 살아가는 일이 슬픈 것이라 해도 나는 아직도 세상 안에 사랑할 수 있는 것이 많아 기쁘다. 그것은 기쁜 몸놀림으로 길 위에서 피었다 지는 꽃 몸에 간직한 추억 같은 씨앗이라는 걸 알고 있기 때문이다.

봄산이 그윽하다. 미풍은 커다란 소나무의 잎을 잘게 흔들고 사람들은 저마다의 일로 저마다의 곳곳에서 산빛과 어우러진 풍경을 배경으로 한 폭 그림을 완성하고 있다. 봄날의 숲은 뽀얀 햇빛과 그 햇빛 속에 떠도는 안개 같은 바람을 끊임없이 사람의 마음속으로 불어넣는다. 따뜻한 풀밭 위에 누워 야생의 말간 완두 꽃잎들이 무리지어 보랏빛 아름다움을 내 마음에 보태고 있음을 본다.

하늘이 끝없이 파랗다!

만인사가 펴낸 정유정의 시집
보석을 사면 캄캄해진다(2005)

만인시인선 61

아무도 오지 않았다

초판 인쇄 2017년 2월 20일
초판 발행 2017년 2월 25일

지은이 / 정 유 정
펴낸이 / 박 진 환

펴낸 곳 / 만인사
출판등록 / 1996년 4월 20일 제03-01-306호
주소 / 41960 대구광역시 중구 명륜로 116
전화 / (053)422-0550
팩스 / (053)426-9543
전자우편 / maninsa@hanmail.net
홈페이지 / www.maninsa.co.kr

ISBN 978-89-6349-097-7 03810

값 9,000원

* 이 도서의 국립중앙도서관 출판시도서목록(CIP)은 서지정보유통지원시스템 홈페이지(http://seoji.nl.go.kr)와 국가자료공동목록시스템(http://www.nl.go.kr/kolisnet)에서 이용하실 수 있습니다(CIP제어번호 : CIP2017003636).

만/인/시/인/선

1. **이하석** 시집 | 高靈을 그리다
2. **박주일** 시집 | 물빛, 그 영원
3. **이동순** 시집 | 기차는 달린다
4. **박진형** 시집 | 풀밭의 담론
5. **이정환** 시집 | 원에 관하여
6. **김선굉** 시집 | 철학하는 엘리베이터
7. **박기섭** 시집 | 하늘에 밑줄이나 긋고
8. **오늘의 시 동인** | 「오늘의 시」 자선집
9. **권국명** 시집 | 으능나무 금빛 몸
10. **문무학** 시집 | 풀을 읽다
11. **황명자** 시집 | 귀단지
12. **조두섭** 시집 | 망치로 고요를 펴다
13. **윤희수** 시집 | 풍경의 틈
14. **장하빈** 시집 | 비, 혹은 얼룩말
15. **이종문** 시집 | 봄날도 환한 봄날
16. **박상옥** 시집 | 허전한 인사
17. **박진형** 시집 | 너를 숨쉰다
18. **정유정** 시집 | 보석을 사면 캄캄해진다
19. **송진환** 시집 | 조롱당하다
20. **권국명** 시집 | 초록 교신
21. **김기연** 시집 | 소리에 젖다
22. **송광순** 시집 | 나는 목수다
23. **김세진** 시집 | 점자블록
24. **박상봉** 시집 | 카페 물땡땡
25. **조행자** 시집 | 지금은 3시
26. **박기섭** 시집 | 엮음 愁心歌
27. **제이슨** 시집 | 테이블 전쟁
28. **김현옥** 시집 | 언더그라운드
29. **노태맹** 시집 | 푸른 염소를 부르다
30. **이하석 외** | 오리 시집